Ingrid Sommer-Frank

Begegnungen

Lebendigkeit im Du und Ich

Ingrid Sommer-Frank, 1949 geboren, schreibt seit ihrer Jugend Gedanken und Geschichten in Notizheften und Tagebüchern auf. Ein Teil davon wurde hier zusammengestellt.

Ingrid Sommer-Frank

Begegnungen

Lebendigkeit im Du und Ich

Bibliografische Information der Deutschen Nationalbibliothek:
Die Deutsche Nationalbibliothek verzeichnet diese Publikation in der Deutschen Nationalbibliografie; detaillierte bibliografische Daten sind im Internet über http://dnb.dnb.de abrufbar.

Verlag: BoD · Books on Demand GmbH, Überseering 33, 22297 Hamburg, bod@bod.de
Druck: Libri Plureos GmbH, Friedensallee 273, 22763 Hamburg

ISBN: 978-3-8192-0713-6

Inhalt

Alles wirkliche Leben ist Begegnung.

Martin Buber
Jüdischer Religionsphilosoph

Glücksbonbons

1

In dem Dorf, in dem ich lebe, gibt es einen kleinen Lebensmittelladen und eine Metzgerei. Eine Apotheke ist nicht vorhanden. Um Rezepte einzulösen muss ich in den nächsten Ort fahren, den Markt Wiesau. Entfernung zehn Kilometer. Der Apotheker liebte es, wenn keine weitere Kundschaft im Geschäft war, mit mir über Politik und andere gesellschaftliche Themen zu sprechen.

In der Filiale in Wiesau kaufte ich turnusmäßig das Ergänzungsmittel Magium k-forte zur Unterstützung des Mineralhaushaltes. Wie immer zum ausgehandelten Preis von 13 Euro statt der üblichen 15 Euro. So hatte ich es mit dem Apotheker vereinbart, um das lokale Geschäft zu unterstützen und eine Bestellung über das Internet zu vermeiden. Bei einer dieser Einkäufe fragte ich auch nach echtem Rosenöl.

Der Apotheker nannte mir den Preis für echtes Rosenöl: Ein Gramm kostet bis zu 700 Euro! Nachdem er von mir erfahren hatte, dass ich das Öl zum Beträufeln für ein Rosenpotpourrie bräuchte, dachte er nach und ihm fiel ein, dass er in dem Hauptgeschäft noch ein wenig synthetisches Rosenöl hätte. Allerdings kostete dieses auch ca. 40 Euro pro Gramm.

Er telefonierte mit einer Angestellten und gab die Anweisung, mir dieses Fläschchen , das 8/2014 abgelaufen war, zu überlassen. Ich solle eben so viele Tropfen nehmen, wie ich benötigte und den Rest wieder zurückbringen. Voller Freude holte ich das 10 ml Fläschchen ab. Eine absolute Vertrauenssache!

Selbstredend hatte ich den Rest einige Tage später dem großzügigen Geber zurückgebracht.

Dann war ich beim Metzger. Eine junge Dame rundete bei ihrem Einkauf den zu zahlenden Betrag auf acht Euro auf. Ich dachte, gute Idee!, tat es ihr nach und erfreute anschließend beim Bäcker die Verkäuferin auch mit einer Aufrundung.

Danach fuhr ich ins Schreibwarengeschäft, um Haftklebestreifen zu besorgen. Die Inhaberin des Ladens holte die letzten aus dem Schaufenster. Und weil die obere Lage durch den Lichteinfall etwas ausgebleicht war, gab sie mir die Ware billiger.
Ein schönes Geben und Nehmen!

2

Semesterende! Mit Gepäck in beiden Händen und viel Freude im Herzen eilte ich zum Hauptbahnhof in München.

Kurz bevor der Zug abfuhr, erreichte ich gerade noch den Bahnsteig, stieg rasch ein und konnte mir in letzter Minute einen Platz in dem vollbesetzten Waggon sichern. In dem Abteil saßen zwei jüngere und zwei ältere Herren. Sie schienen alle von der Arbeit nach Hause zu fahren in Erwartung eines langen Wochenendes. Einer las die Zeitung, der andere in einem Buch, der dritte saß ohne Beschäftigung da und schaute ab und zu aus dem Fenster in die vorbeirauschende Nacht. Der vierte vertrieb sich die Zeit mit dem Lösen von Kreuzworträtseln.

Mein Platz war schräg gegenüber des Mannes,der sich dem Nichtstun hingab. Ich selbst las in einem Buch mit dem Titel „Künstlerisches und rationales Denken“, das von dem Professor für Kunst uns Studenten empfohlen worden war. Gelegentlich blickte ich zum Fenster hinaus, um meine Augen zu entspannen und erfreute mich zugleich an der Geschwindigkeit des Zuges, der mich dem Zuhause näher brachte. Lange hatte ich es ersehnt. Mein Herz war erfüllt von heiter ungeduldiger Erwartung. Zeitweise fühlte ich

mich richtig gelöst bei dem Gedanken an das Wiedersehen mit dem Liebsten, der mich erwartete.
Manchmal schaute ich in die Ecke auf den Mann, der zufrieden nach einem langen Arbeitstag die Muße genoss. Bei mir deutete sich kein Zeichen eines Lächelns an, obwohl ich dieses im Innern spürte. Dem Mann schien es ähnlich zu ergehen. Auch er sah mich an, wohl wollend, neugierig, forschend.
Dann geschah es. Ich hatte meine Augen weg von den Zeilen im Buch gewandt und sie ein wenig schweifen lassen, als sie denen des Mannes in der Ecke begegneten. Wir schauten uns nur wenige Sekunden an, dann wagte ich ein feines Lächeln, dem ebenso leise angedeutet geantwortet wurde. Mein Lächeln wurde mutiger und nun zeigte sich auch auf dem Gesicht des Gegenübers eine freudiges Aufleuchten. Wir lächelten uns ein paar Momente an, aber diese kurze Zeit ließ in mir die zuversichtliche Gewissheit wachsen, dass ein Lächeln eine Brücke zum anderen sein kann, mag dieser uns noch so fremd sein.
Wir Menschen sind gerade durch diese nur uns Menschen eigene Geste miteinander verbunden und sollten viel öfter ausprobieren, wie sehr unser Lächeln einen Mitmenschen ansprechen kann.

Ich habe es seitdem immer wieder ausprobiert und feststellen können, dass ein freundliches, verstehendes Lächeln zu uns völlig unbekannten Leuten eine Verbindung herstellen kann, sei diese auch nur von kurzer Dauer und einmalig. Es bewirkt etwas in uns und im anderen.
Gerade diese kleinen Dinge bringen uns Lebens-Wert und helfen uns, menschlich zu reagieren.

3

Es begann mit dem Lösen eines Fahrscheins von Wiesau nach Freising im Regionalzug Alex. Im Alex-Treff teilte ich dem Zugbegleiter meine Absicht mit, eine Rückfahrkarte nach Freising erwerben zu wollen. Aus unerklärlichen Gründen riet er mir, vorerst doch nur die Hinfahrt zu lösen mit dem rätsel-haften Satz „wer weiß, was auf der Rückfahrt ist“. Ich folgte dem Rat.
Auf meiner Rückfahrt zwei Tage später von Freising nach Wiesau war ein großer Fahrgastandrang, der Zug folglich sehr voll besetzt. Ich ergatterte knapp einen Sitzplatz und setzte mich erleichtert hin. Kurz darauf fiel mir ein, dass ich noch keinen Fahrschein für die Rückfahrt hatte. „Wer weiß, was auf der Rückfahrt ist“, entpuppte sich als fatal. Ich versuchte, mich durch die überfüllten Waggons

in Richtung Alex-Treff zu schlängeln, was eine nicht unerhebliche Wegstrecke war.
Glücklich angekommen fand ich den Verkaufstresen offen, aber unbesetzt.

Vier gut gelaunte junge Männer in feuchtfröhlicher Stimmung fragten mich, was ich beim Alex-Treff wolle. Ich erklärte ihnen, dass ich einen Fahrschein benötigte. Sie scherzten, dass ich darauf lange warten könne, da die Zugbegleiterin schon seit einer Viertelstunde verschwunden sei und vermutlich nicht mehr so schnell zurückkäme. Sie hätten sich inzwischen „selbst bedient", indem sie das Rollfenster des Tresen geöffnet und sich ein Bier geholt hätten.
Dann erkundigten sie sich, wohin ich fahren wolle. Auf meine Antwort, nach Wiesau, boten sie mir spontan an, dass ich die fünfte Person sein könne, die auf ihren Fahrschein mitreisen dürfe, da sie ihrerseits ihren fünften Mann in München verloren hätten. Im übrigen würden sie sowieso bald aussteigen, nämlich in Landshut und ich könne das 5er-Bayernticket haben.
Ich fragte noch, was sie dafür bekämen, aber sie winkten ab und meinten, ich solle einfach als ihre Oma mitfahren. Da kam auch schon die Zugbegleiterin, eine äußerst barsche, unfreundliche Frau.

Zunächst fragte sie die jungen Männer, wieso der Tresen offenstünde. Diese taten sehr unschuldig. Dann wollte sie die Fahrkarte sehen und beanstandete, dass noch kein Name darauf geschrieben wäre. Der Wortführer der Gruppe trug seinen Namen in Druckbuchstaben ein, KOFLER, und bestätigte diesen per Ausweis. Ich war einfach mitgezählt.

Als Landshut näher kam, bereiteten sich die vier Burschen auf den Ausstieg vor. Der Boss drückte mir heimlich die Fahrkarte in die Hand, erwartete, dass ich diese ebenso unauffällig nehmen würde und bedeutete mir, einfach auf meinen Platz zurückzugehen. Ich war überrascht über diesen kleinen, aber sehr liebenswürdigen Deal, umschloss den Fahrschein und ging, ohne dass ich recht Gelegenheit hatte, mich zu bedanken auf die Suche nach einem Sitzplatz.

Kontrolliert wurde ich lange Zeit nicht. Zwischen Weiden und Wiesau, fast an meinem Zielbahnhof, ging derselbe Angestellte, der mir zum Kauf einer einfachen Fahrkarte geraten hatte, durch die Waggons.

Ich war mir letztlich unsicher, ob das mit dem Ticket korrekt war, da ja die vier anderen Personen bereits ausgestiegen waren. Deshalb war ich ganz froh, dass der Zugbegleiter gar nicht bis zu mir vordrang. Zwischen

Windischeschenbach und Wiesau stellte ich mich vorsichtshalber schon mal in Richtung Ausstieg. Zu meiner Erleichterung gesellten sich noch einige Reisende dazu, die ebenfalls in Wiesau aussteigen wollten.
Diesen relativ großen Trupp überging dann der Kontrolleur, als er, von der oberen Etage kommend nochmals durch die Reihen lief. Endlich fuhr der Zug in den Bahnhof Wiesau ein. Erleichtert stieg ich aus und dachte dankbar an die vier hilfsbereiten jungen Männer.

4

Unsere Ehe war so gut wie am Ende, als ich das große Bedürfnis hatte, eine Auszeit auf einer Insel zu nehmen. Hiddensee in der Ostsee hatte mich angezogen. Ich reiste mit dem Zug über Berlin nach Stralsund und dann an den kleinen Hafenort Schaprode, von wo aus ein Schiff nach Hiddensee übersetzt. Wie so oft hatte der Zug Verspätung und und kam nicht mehr rechtzeitig nach Schaprode: Das letzte Boot war bereits abgefahren. Vor dem nächsten Morgen gab es keine Chance, überzusetzen. Im besten Fall würde ein Boot-Taxi fahren, aber das war eher unwahrscheinlich und würde sehr teuer sein, wie man mir sagte.

Was also tun? Ich ging unschlüssig die Dorfstraße entlang, in der Hoffnung einen Gasthof zum Übernachten zu finden. Fehlanzeige. Lediglich eine Wirtsstube war geöffnet. Einige wenige Männer saßen um einen Tisch. Ich fragte nach einer Übernachtungsmöglichkeit. Sie konnten mir keine nennen.
Unentschlossen, was ich tun solle, lief ich weiter und kam zu der Inselkirche. Ich dachte mir, die letzte Rettung könne doch das Pfarrhaus sein, also Kirchenasyl.
Allmählich stieg Unruhe in mir hoch. Schauend, suchend trottete ich vor mich hin, wollte telefonieren, ob vielleicht doch ein Taxi fahren würde und steuerte die einzige Telefonzelle an.
Ein Ehepaar schlenderte vorüber und erkannte, dass ich irgendwie in Not war. Sie sprachen mich an. Ich schilderte meine Situation und sie boten mir spontan an, bei ihnen im Campingwagen zu übernachten, damit ich am nächsten Morgen mit dem Schiff nach Hiddensee fahren können. Wir tranken ein Gläschen Wein miteinander und legten uns dann bald schlafen.
Am nächsten Morgen durfte ich mit ihnen ein schönes Frühstück genießen und wurde ganz fürsorglich zum Hafen gefahren, um sicher auf die Insel zu gelangen.

In meinen Aufzeichnungen hatte ich mir Name und Wohnort der beiden Engel notiert.

5

Schon die Ankündigung, dass im Oktober ein Klassentreffen der ehemaligen Grundschüler stattfinden sollte, löste bei mir ein Gefühl freudiger Überraschung aus. Plötzlich wurde mir bewusst, wie lange diese problemlose, wohlbehütete Zeit zurücklag und wie wenig ich an diese Jahre in dem weichen Polster einer unbeschwerten Kindheit gedacht hatte. Zugleich tauchte eine angenehme Empfindung auf.

Hier in diesen ersten Lebensjahren wurde eine gefühlsmäßige Verwurzelung gelegt, aus der heraus das spätere Leben jedes Einzelnen wuchs.

Es kribbelte ein wenig in meinem Bauch, als ich in meiner Heimatstadt zu dem ehemaligen Schulgebäude hinauf ging.

Eine nicht geringe Anzahl früherer Mitschülerinnen hatte sich bereits eingefunden. Wen werde ich als erste sehen, wiedererkennen und begrüßen? Zunächst waren es einige „Buben“, die ich bei gelegentlichen Besuchen in meinem Geburtsort immer wieder einmal getroffen hatte. Dann der erste „fremde“. Mir selbst war er sofort bekannt, ich ihm erst beim zweiten

Ansehen. Ruhig, gemessen und zurückhaltend, wie damals schon, auch wie damals einen soliden, verlässlichen Eindruck machend.
Die nächste Begrüßung, eine Schulkameradin, deren Gesichtszüge sich überhaupt nicht verändert hatten. Ebenso erging es mir bei einer weiteren, die ich gleich wieder erkannt hatte.

So machte ich die Runde, gesellte mich zu den Grüppchen, die schon im Gespräch waren, rief teilweise fragende Gesichter hervor, wenn ihnen absolut nicht einfallen wollte, wer ich sei und wusste auch selbst bei einigen nicht mehr, wie sie hießen, weil sie sich stark verändert hatten. Immer wieder tönte es im Stimmengewirr, wer bist du? Und du? Es war viel Freude und Überraschung zu spüren und das wohlige Gefühl, nach all den Jahren irgendwie noch vertraut zu sein.
Die anberaumte Besichtigung des völlig renovierten Schulgebäudes fand nicht den erwarteten Zuspruch. Wir waren natürlich mehr an den Ehemaligen interessiert als an den Klassenzimmern und freuten uns auf eine gesellige Kaffeerunde.
Im Café angekommen, wurden zunächst die Lebensgeschichten ausgetauscht. Wo wohnst du jetzt, was machst du, hast du Kinder? Auch: Kommst du öfter in die alte Heimat? So

verging die Zeit wie im Flug, ohne dass ich mit allen Anwesenden ein Begrüßungswort gewechselt hatte.
Überraschend kramten manche Buben Erlebnisse heraus, die ich längst vergessen hatte. „Mit dir habe ich beim Tanzen den ersten Preis gewonnen, du hast mir den Walzer beigebracht", was ich nicht ohne heimliche Genugtuung hörte. Auch ich erinnerte mich an einige Erlebnisse. „Du hast mir beim Fangen spielen die Kapuze von meinem neuen Mantel gerissen. Und weißt du noch, wie du immer mit dem Fahrrad um den Baum vor unserem Haus am Marktplatz gefahren bist und mir Bonbons geschenkt hast?" Zu ehemaligen Mitschülerinnen gewandt:"Weißt du noch, wie unser Lehrer Scholz unsere Schrift lobte? Sehr schön, bildschön, gestochen schön! Und wie er uns mit Leidenschaft die Blumennamen beibrachte, wobei mir der kriechende Günzel bis heute im Gedächtnis geblieben ist."
Doch wurde nicht nur in der Vergangenheit geschwelgt. Die jetzige Lebenssituation wurde ebenso geschildert mit den Schwierigkeiten, die jeder und jede zu bewältigen hat, die Schicksalsschläge, die manche getroffen hatten. Aber immer wieder kam die Freude über das Wiedersehen zum Ausdruck.
Diese Freude sollte sich meiner Meinung nach nicht nur im Erzählen ausdrücken, sondern

auch im Erleben schöner Stunden bei Musik. Einer der zwei früheren Verehrer ließ es sich nicht nehmen, Musik zu organisieren. Er schaffte seine Stereoanlage herbei samt Stößen an Schallplatten und CDs. Allerdings erwiesen sich die meisten der Anwesenden als sehr Platz verbunden. Es riss kaum eine oder einen vom Stuhl, weder zum Wechsel des Gesprächspartners noch zu einem kleinen Tänzchen. Lediglich die „alte Liebe" ließ sich nicht beirren und wagte zu später Stunde ein paar Tanzschritte mit mir auf einsamem Parkett. Wir ließen uns nicht stören und tanzten voller Spaß mit kleinem Flirt auf offener Bühne.
Weitere Paare konnten wir leider nicht aus der Reserve locken.
Eine gewisse Schwerfälligkeit und auch Hemmung setzten dem Grenzen. Mangelnder Witz, fehlende Ausgelassenheit oder Leichtigkeit, um etwas Ungewohntes zu wagen hinderte doch die meisten.
Einige machten dann doch zu vorgerückter Stunde eine Ausnahme. Eine Disco in der Nähe schien ein paar Jungs geeignet. So kam es dazu, dass wir unbeschwert, mit viel Freude an der Bewegung und zunehmender Galanterie eine kesse Sohle aufs Parkett legten. Die wenigen, die bis zum Schluss dabei waren, hatten es nicht bereut. Der Spaß war es wert.

Zu meinem Bedauern kam es zu keiner Wiederholung eines Klassentreffens.

6

Auf der Rückfahrt von einem Besuch in Erfurt war ein Umstieg in Gera Richtung Hof vorgesehen. Während der Fahrt erklang wiederholt die Durchsage, dass der Zug in Weida geteilt würde. Ich hörte dies nur mit halbem Ohr, fühlte mich dadurch nicht angesprochen und ließ mich in meiner Lektüre nicht stören, denn auf der Hinfahrt war die Verbindung durchgehend gewesen. Dass ich diese Ansage nicht wichtig genommen hatte, sollte sich als folgenreicher Fehler herausstellen.
Um 19.05 Uhr stand ich in Saalfeld, Endstation, völlig ahnungslos, wo ich mich da befand und erfuhr sowohl vom Zugführer als auch vom Zugbegleiter, dass dies so gut wie eine Sackgasse war. Nach Hof und weiter nach Wiesau ginge da heute gar nichts mehr. Finito! Im besten Fall fuhr zu später Stunde eine Triebwagen mit Ankunft in Hof um 0.30 Uhr. Weiterfahrt nach Wiesau um 4.30 Uhr. Keine schöne Aussicht.
In meinem Gehirn ratterten mögliche Lösungen. Gibt es vielleicht eine Verbindung nach Lichtenfels? Meine damalige Freundin Ute war mir in den Sinn gekommen. Ja, nach

Lichtenfels käme ich, wurde mir versichert. Ich machte mich daran, Ute anzurufen. Trotz mehrerer Versuche auf dem Festnetz und dem Handy hatte ich leider keinen Erfolg.
So befand ich mich erneut ratlos in einer sehr verlassenen Gegend, in einem fast menschenleeren Bahnhofsgebäude, hatte nur mehr sehr wenig Bargeld und wusste nicht, wie es weitergehen sollte.
Die beiden Bahnangestellten, die nach Abschluss ihres Dienstes vorbeikamen, versuchten mich zu trösten. Es gäbe einen Geldautomaten und der Kiosk habe auch noch geöffnet.
Da stand ich nun, bis mich, wie vom Heiligen Geist eingegeben, eine neue Idee durchzuckte. Wenn es schon nicht mit Lichtenfels klappte, wie wäre es mit Bayreuth, wo eine andere Freundin wohnte. Zum Glück fand ich in meinem Adressbüchlein die Telefon- und Handynummer von Katharina.
Zuerst druckte ich mir am Automaten die Zugverbindung nach Bayreuth an diesem Abend aus. Ankunft in Bayreuth um 23.06 Uhr über Lichtenfels mit einer Stunde Aufenthalt am dortigen Bahnhof. Ein Hoffnungsschimmer. Beim zweiten Anruf war Katharina tatsächlich am Apparat. Ich konnte es kaum fassen.

Na, eine Lehrerin muss doch am Sonntagabend zuhause sein, kommentierte sie knapp meine glückliche Verwunderung. Sie war da und nur das zählte. Ich versuchte ihr kurz zu erklären, weshalb ich diesen Hilferuf gestartet hatte. Das war für sie aber gar nicht nötig, weil sie offensichtlich meine Not gespürt hatte.
Sofort sagte sie mir zu, dass sie mich abholen würde und ich selbstredend bei ihr übernachten könne.
Erleichtert holte ich mir am Automaten eine Fahrkarte von Saalfeld, für mich irgendwo in der Pampa, nach Bayreuth, bezahlte mit der EC-Karte und stellte mich auf den Bahnsteig, um ja nichts mehr zu verpassen.
Dort wartete ein Zugführer auf seinen Diensteinsatz. Ich sprudelte ihm mein Missgeschick vor. Er beruhigte mich und versicherte mir, dass ich nun unbesorgt mit ihm nach Lichtenfels fahren könne. Ich durfte mich gleich hinter seinem Cockpit in die erste Klasse setzen und wir unterhielten uns eine kurze Zeit. Er war aus Coburg, einer Stadt, die mir wegen verwandtschaftlicher Beziehungen vertraut ist, und so hatten wir gleich Anknüpfungspunkte. Später stellte er Musik an und so fuhren wir gemächlich in den Abend.
Der Fahrplan sah vor, dass ich bereits in Hochstadt-Marktzeuln Richtung Lichtenfels

umsteigen könne. Davor riet mir der fürsorgliche Zugführer aber sehr ab. Es sei ein völlig einsamer Bahnhof, die Wartezeit ebenso eine Stunde. Na, von einsamen Bahnhöfen hatte ich genug. Er meinte, das beste wäre, bis Lichtenfels mitzufahren, da dieser Bahnhof größer und beleuchtet wäre und es neue Toiletten gäbe. Sehr aufmerksam.
So fuhr ich bis Lichtenfels und verbrachte die eine Stunde Umsteigezeit sicher an nächtlicher frischer Luft am Bahnsteig.
Der Zug nach Bayreuth kam pünktlich und um 23 Uhr war ich am Zielbahnhof, wo mich Katharina abholte. In ihrer Wohnung quatschten wir noch zwei Stunden und ich schlief wohlig geborgen ein.
An diesem Abend hatte ich etliche hilfreiche Menschen getroffen. Mögen sie gesegnet sein!
Ab diesem Zeitpunkt war ich einem Smartphone nicht mehr abgeneigt.

7

In einem kleinen Blumenladen fragte ich nach einem „Frauenschuh“. Leider war dieser derzeit nicht vorrätig. Als Notlösung entschloss ich mich, eine „Allerwelts“-, jedoch besonders schöne Orchidee zu nehmen. Die beflissene Verkäuferin rief aber noch in der Hauptgärtnerei an. Da gab es den gewünschten Frauenschuh. Sie unterbreitete mir folgenden

Vorschlag: Ich soll diese Orchidee einfach mitnehmen, ins Hauptgeschäft fahren, mir den Frauenschuh anschauen und dann entscheiden. Sie vertraue mir, dass ich wiederkäme, um eventuell die Orchidee zu nehmen und zu bezahlen. Ich könne aber einfach die Orchidee in der Hauptgärtnerei zurücklassen und den Frauenschuh erwerben. So viel Vertrauen habe ich in Sie, fügte die freundliche Verkäuferin hinzu.

Zwischenspiel

Unser Leben ist von Anbeginn an geprägt vom Abschiednehmen.

Wir nehmen Abschied von der unbedingten Geborgenheit im Mutterleib.
Wir nehmen Abschied vom Schutz der Familie während der Kindheit und Jugendzeit.
Wir nehmen Abschied von Ausbildungsabschnitten.
Wir nehmen Abschied von den Eltern und Freunden.
Wir nehmen Abschied von bestimmten Fähigkeiten und Beweglichkeiten.
Wir nehmen Abschied vom Beruf.
Wir nehmen Abschied von den Kindern. Sie entfernen sich.
Wir nehmen Abschied von weiten Räumen, in denen wir leben durften.
Bis wir Abschied nehmen von der sichtbaren Welt, um in die Weite der Ewigkeit zurückzukehren.

Abschied vom Berufsleben

Wissen, dass ich nicht mehr die spontanen, fröhlichen, manchmal umarmenden Begrüßungen der Schulkinder erleben werde.

Wissen, dass ich nicht mehr die Werte, die mir wichtig sind, weitergeben kann.

Vermissen des alltäglichen, auch ein wenig privaten Austausch mit den Kolleginnen.

Vermissen des Bewusstseins an einer gemeinsamen Aufgabe zu arbeiten.

Aus dem Gefüge der Berufstätigen herausfallen.

Dies und manche andere Dinge erscheinen mir wir ein dunkles, bitter anmutendes Tal, das es zu durchschreiten gilt, um dann mit dem neuen Alltag beginnen zu können.
Dieses bewusste Durchschreiten, welches unterschiedliche Abschiede nicht leugnet, ist nötig für den Beginn des letzten Lebensabschnitts.
In den kommenden Jahren in die Tiefe gehen, die Tage gut nutzen, überladene Aktivitäten meiden, sinnvolle, auch dienende Tätigkeiten suchen: das wünsche ich mir.

Abgesang auf die Schultafel

Jahrhundertelang stand sie in jedem Klassenzimmer, dunkelgrün, beinahe schwarz, den Raum prägend

DIE SCHULTAFEL

Sie war zum Aufklappen, zum Schieben, stand da, schweigend, ergeben, abwartend, was ihr im Laufe eines Schulvormittags alles angetan werden würde. Die weiße Kreide glitt, manchmal kratzend, über die glatte Fläche. Wortschatz, Verbesserung eines Diktats, Vorgaben für Hefteinträge im Heimat- und Sachunterricht, Aufzeigen von Rechenwegen, manches Mal geordnet, manches Mal war die Ästhetik sehr verschoben.
Die Schüler kamen oft zögernd zur Tafel, schrieben unleserlich, schwitzten in höheren Klassen, weil sie einen mathematischen Beweis führen sollten.
Selten wurde die Tafel mit wohlgestalteten Tafelbildern geschmückt. Das war vor langer Zeit, als es noch zum guten Ton und zur handwerklichen Ausbildung der Lehrkräfte gehörte.
Vorbereitete Folien lösten die vor Ort gezeichneten Bilder mehr und mehr ab. Diese

waren perfekter, aber ein lebloser und liebloser Ersatz.
Ja und dann diese Gefährlichkeit des Feinstaubs! Tausende von Lehrern hätten in vorsorgliche Kur gegen Staublunge gehen müssen. Sie taten es nicht, denn die Lunge erholte sich wunderbarerweise beim Reden, Ermahnen, gelegentlichem Schreien.

Die Tafel hatte auch therapeutische, ordnende Funktion. Den Schülern war eine genau geregelte Aufgabe zugewiesen:
Der Tafeldienst. Von den meisten Schülern der unteren Klassenstufen geliebt, aber auf sehr unterschiedliche Weise ausgeführt. Manche versahen ihren Dienst sorgfältig, wischten die grüne Dame akkurat und blank, streiften die Feuchtigkeit mit dem Gummizieher tadellos streifenfrei ab. Andere gingen an das Saubermachen heran, als hätte der Herbst seine Nebelschleier darauf gelegt. Doch alle hinterließen auf dem Boden unweigerlich Wasserlachen, die eine unmittelbare Rutschgefahr darstellten.
All diesen Unbilden wird jetzt abgeholfen. Denn Schule muss einfach sicherer werden.
Statt der schwarzen Tafel gibt es nun das

WHITE BOARD

Willkommen im Land der weiteren Sterilität!
Adieu, du sinnliche alte Tafel!

Bittermandel

1

Ungewöhnlich früh strahlte die Sonne an diesem Tag im März und ließ alles in freundlichem Licht erscheinen. Anna war entgegen ihrer Gewohnheit nicht noch einmal zu ihrer Mutter in das obere Stockwerk gegangen, um sich zu verabschieden. Ihr dreijähriger Sohn hatte sich gleich nach dem Aufsehen zu seiner Oma geschlichen und sie nahm an, dass die Beiden sich wie immer die Zeit gut vertreiben würden.

Anna war mit dem Auto in den Kindergarten gefahren, in dem sie regelmäßig Sprachtherapie erteilte. Auf diese Weise konnte sie wieder rascher zuhause sein. Diese eine Stunde empfand sie als eine willkommene Abwechslung zum üblichen Alltag als Hausfrau und Mutter. Es gefiel ihr, dass sie ihrer Ausbildung gemäß eine kleines Zubrot verdienen konnte.

Mit beinahe dreiundvierzig Jahren, davon viele vor allem in häuslicher Tätigkeit, verspürte sie allmählich Langeweile, wenn sie an die immer gleichen Tätigkeiten dachte: einkaufen, kochen, waschen, bügeln, Gartengestaltung nach dem Umzug in ein größeres Haus, Kinder da und dort hinfahren. Es rief oft Stressmomente bei ihr hervor, die ihre Kräfte

zentrifugal nach Außen trieben. Sie hatte das Gefühl, auseinanderzudriften und sich aufzulösen.
So bedeutete ihr diese therapeutische Aufgabe viel. Sie konnte Fortschritte bei den Kleinen feststellen. Die Hausarbeit dagegen glich eher einem Drehen im Kreis, ohne Anfang und Ende.

Heute beschlich sie aber nach der einen Stunde eine Unruhe und sie beeilte sich, nach Hause zu kommen. Sie machte sich Gedanken, dass sie ihren kleinen Sohn vielleicht zu lange allein mit seiner Großmutter gelassen hatte. Mit Beklemmung nahm sie rasch die Stufen in die obere Wohnung.
Es war still. Kein Plappern, kein Geräusch. Sie trat ins Schlafzimmer und stutzte augenblicklich. Ein ungewohntes Bild bot sich ihr. Die Mutter hatte sich entgegen ihrer Gewohnheit noch nicht angekleidet. Sie saß im Nachthemd auf der Bettkante, apathisch, etwas steif, mit leerem Blick.
Mutti, was ist los? Was hast du? Geht es dir nicht gut?
Eine Antwort erhielt Anna nicht.
Das Kind kauerte auf dem Bett neben der alten Frau. Völlig ruhig und in nahezu beängstigender Gelassenheit sagte es: Ich habe mit Oma gespielt und auf sie aufgepasst.

Ihr schoss nur ein Gedanke durch den Kopf. Ein Arzt! Sie musste sofort den Arzt anrufen und stürzte sogleich die Treppe hinunter zum Telefon. Als der Gerufene nach kürzester Zeit erschien, stellte er eine unsichere Diagnose, telefonierte mit der Ambulanz des nahegelegenen Krankenhauses und schrieb auf den Einweisungsschein: Verdacht auf Apoplexie. Schlaganfall!

Wie aus heiterem Himmel. Anna fasste es nicht, war wie gelähmt. Kurz nach dem 74. Geburtstag der Mutter. Keiner von der Familie hatte je etwaige Anzeichen bemerkt.

Es regten sich augenblicklich Schuldgefühle. Die dramatischen letzten zwei Jahre mit Umzug, Auflösen zweier Häuser, das ihrer Mutter und das ihre, das Einrichten des neuen Heims, körperlicher und seelischer Stress, ihre eigenen Eheprobleme, die die Mutter zweifelsohne sehr bedrückten. Das alles war zu viel für eine Frau, die ihre Gefühle so gut wie nie preisgab. Der Druck hatte sich nach innen entladen. Dem Hausarzt gegenüber deutete sie die Möglichkeit einer seelischen Ursache für den Schlaganfall an. Doch dieser, ganz Schulmediziner, schloss das kategorisch aus.

Annas Blick wanderte wieder zum Kind. Dieses war gespenstisch still und in sich gekehrt. Sonst hatte es seine Großmutter immer ein wenig geneckt, hatte Unruhe gestiftet. Aber heute war es so artig, ja vernünftig gewesen, so dass die Mutter unbedacht ohne Verabschiedung gegangen war.

Was mochte in dem kleinen Wesen vorgegangen sein, während es neben einer reglos da sitzenden Frau ausgeharrt hatte, ohne den Versuch zu machen, seine Mutter zu rufen, solange diese noch im Haus war. Sie schauderte bei dem Gedanken, dass dieses kleine Kind ein Rädchen in der Schicksalsuhr gewesen sein könnte, das das Leben eines Menschen von einem Augenblick auf den anderen geändert hatte.

Beim ersten Gespräch mit dem Arzt im Krankenhaus wurde ihr der Ernst der Lage mitgeteilt. Ihre Mutter hatte einen schweren Schlaganfall, sagte der Leiter der Inneren Abteilung.

Es vergingen Wochen und Monate. Der Zustand der Mutter stabilisierte sich allmählich und sie selbst und auch die Familie lernten mit der eingeschränkten Lebensmöglichkeit der Kranken zurecht zu kommen: Wahrnehmungsausfälle, Gedächtnisverlust und Sprachdefizite. Es war hart, diese erkennen und annehmen zu müssen. Versuche, die Lese- und Sprachkompetenz wieder in Gang zu bringen sowie die Selbst-

organisation hatten nur begrenzten Erfolg. Es war wie ein hilfloses Greifen nach Fähigkeiten, die im Greifen verschwanden. Entscheidendes war verloren gegangen.
Im Kopf hatte sich eine Mauer aufgebaut. Dahinter war die Vergangenheit, viel Vergangenheit, die aber nur in seltenen Momenten klar zum Vorschein kam. Manches Mal, wenn Vergangenes in die Gegenwart drang, geschah das so, dass Gegenwärtiges ins Komische verzerrt wurde. Die Teile passten nicht mehr zusammen. Es gab kaum Wege, keine Tore in der Mauer aus Kalk und Ansammlungen von Blutgerinnsel. Trauer, Resignation und ihre misstrauische Einstellung dem Leben gegenüber führten zu Verhärtung. Die alte Frau verstand nicht, verstand auch viel später nicht, was geschehen war.
Sie wollte die Zeit zurückdrehen und kam oft nur auf den Zeitpunkt, „als ich im Krankenhaus war". Sie rätselte, suchte nach vermeintlicher Schuld. „Sie sagen, ich habe Alkohol getrunken, ich habe doch ganz wenig getrunken", obwohl niemand das je behauptet hatte.
In ihrem übrig gebliebenen Leben, in der noch funktionierenden Gehirnhälfte vermochte sie sich kaum mehr einzurichten. Sie lebte mehr als früher in ihrer Welt. Der Kontakt zur

Außenwelt bestand aus Ankleiden, Essen, Abspülen, Wäsche aufhängen.
War das genug? Vielleicht war es genug für sie. Sie fühlte sich nicht überflüssig, wurde für einfache Arbeiten gebraucht. Vielleicht war sie nicht unglücklich. Hoffentlich!
Können Menschen glücklich sein, die in zwei Welten leben müssen? In der inneren Vergangenheit und der äußeren Gegenwart?

2

Der Himmel hatte sich mit kleinen dicken Wolkenbällchen bedeckt und lud geradezu ein, eine Wanderung durch die mit lockeren Grasbüscheln bedeckten Dünen nach Neuenkirchen zu unternehmen. Auf der alten Betonstraße aus der Zeit vor dem zweiten Weltkrieg, die jedem Radfahrer in ihrer Holprigkeit unvergessen bleibt, ging Olga bedächtig in Richtung Süden. Bald schon gewahrte sie auf der rechten Seite zwischen alten Bäumen den weißen Mühlenhof. An kleinen Tischen, die mit bunten Decken und Wiesenblumensträußchen gefällig einladend aussahen, konnte sie sich ein kurze Kaffeepause mit leckerem Kuchen sehr gut vorstellen. Diesen Gedanken schob sie aber dann auf die Zeit des Rückwegs und ging leichten Schritts über eine kleine Deichanhöhe hinunter zu der in warmen Erd- und Rosétönen

leuchtenden Dünenheide. Die zarten Farben in den sanften Abstufungen taten den Augen gut und ließen Wärme ins Herz strömen. Wohlig erfüllt schlenderte sie weiter als sie in einer lichten Gebüschnische eine Bank entdeckte, die sie unwiderstehlich anzog. Das war genau das richtige, um ein wenig zu rasten.
Sie entnahm ihrem Rucksack ein Buch über Pommern und versank beim Lesen in Träume über die weite, herbe Landschaft an der Meeresküste. Es verging eine lange Zeit, nur Ruhe, Stille, das leichte, milde Wehen des Windes spürend.
Es fiel ihr schwer, sich dem Sog der Beschreibungen einer fernen Landschaft zu entziehen. Doch schließlich erhob sie sich aus der lauschigen Umhüllung und setzte den Weg fort Ferienobjekte tauchten auf. Welch hässliches Wort für die kleine Ansammlung von weißen, reetgedeckten Katen. Und doch wieder passend auf seine Art, denn schmucklos und seelenlos wie sie dastanden, konnten sie nur Objekte genannt werden.
Vielleicht waren sie es einmal, vielleicht werden sie es wieder, nämlich belebte Häuser , mit Pulsschlag in der Weite der karg anmutenden Umgebung.
Ihr Blick streifte auf der linken Seite das hübsche einladende Gasthaus Heiderose auf. Dennoch fühlte sich Olga nicht besonders

angezogen, obwohl auf der Speisekarte verlockende Angebote zu lesen waren. So lenkte sie ihre Schritte, immer auf der Suche nach neuen Entdeckungen, durch einen kleinen Kieferhain.

Eine hügelige Mondlandschaft bot sich ihren Blicken, weißer Sand auf sich verlierendem Pfad, helle und bewachsene Krater, wellige Dünenheide, in ihrer Unberührtheit beinahe eigenartig reizvoll wirkend. Durfte sie den Weg da hindurch wagen? Ausgetretene Pfade waren kaum mehr zu sehen, nur vereinzelt Abdrücke von Fußspuren. Fasziniert betrachtete sie die altrosa schimmernden stacheligen Grasbüschel, die wie Seeigel im grauweißen Sand standen. Der Weg führte hügelauf, hügelab in endlosen Wellen. Ein Menschenpaar in der Ferne ließ ahnen, dass doch irgendwo ein begehbarer Pfad sein müsse, der auf andere zielgerichtete Wege führen konnte. Solange sie die Weite sah, hatte sie keine Bange. Dann endlich nahte wieder ein Kiefernwäldchen, erstaunlich ähnlich einem Landstrich an der Meeresküste in Italien, in Punta Ala. Nach dem Kieferhain breitete sich der gleißend flimmernde Sandstrand aus, zur Ostsee abfallend. Ihre Schritte folgten nun dem Bogensaum des Wassers, weiter in Richtung Mittagssonne.

Unaufhörlich leckten die Wellen an den Strand, Schlick und Algen aufspülend, fallen lassend.Manchmal strömte ein klarer, reiner Duft in die Nase. Dann wieder war der Geruch unerträglich beißend scharf, stinkend. Salzig roch es nie.
Sie setzte ihre Schritte fort auf dem grauen Brettersteg zwischen dem blauen Meer und dem blendenden Muschelsand, überstieg Pfahlzäune, die gleichsam das Meer kartierten und gelangte über einen Steinwall in die Ortschaft Neuendorf, vom Hunger gezielt gelenkt. Das Speiselokal entpuppte sich als gemütlich, die gebratenen Heringe waren klein, aber sehr schmackhaft.
Nach kurzer Rast fühlte sie sich gestärkt für eine nächste Etappe ins Ungewisse . Die gewöhnliche Forststraße zu nehmen, erschien ihr nicht reizvoll. Sie tauchte wieder ein in die Heide, in Schilf und Heide und nahm genüsslich kostend das Bild in sich auf. Tiefblaue Ostsee mit leise an den Saum schlagenden Fischerkähnen, in der Ferne ein lautlos dahinziehendes Fährschiff, unermesslich hoher Himmel und in Himmelsblau getauchte wunderschöne Schmetterlinge, die vor ihr von Blüte zu Blüte hüpften. Verschlungen wand sich der Pfad zwischen kniehohem Schilf zur Rechten und Grasheide zur Linken. In einer Mulde lag eine

Frau, ihre Brüste der Sonne darbietend. Vogelgezwitscher, Stille. Stille, die einlud, sich ebenfalls dem Boden anzuschmiegen und wärmenden Schlaf zu genießen. Wohlig war es auf dem Gras, eine leichte Brise schwebte über sie hinweg, ohne die Haut zu berühren. Dösen, die vielfältigen Grashalme betrachten, die so klein und zart unter dem hoch aufgebauten makellos blauen Himmelszelt hin und her wogten, das genoss sie.
Dann schließlich die Trägheit überwindend, bekam sie Lust, den Trampelpfad weiterzugehen, wer weiß, vielleicht lohnte sich die Mühe und es nahte doch ein Ziel. Bei jeder Biegung bangte sie, dass die Wanderung eine Ende haben könnte und freute sich , wenn es dennoch weiterging.
Der Pfad wurde schmäler, schien wenig begangen, der Schilfgürtel zur Rechten verbreiterte sich zusehends. Zur Linken wiegte sich nur vereinzeltes Schilf. Muldig lag der Steg vor ihr, fühlte sich fest, nicht sumpfig an. Also konnte sie getrost darauf bleiben. Der Schilfsaum zu beiden Seiten streckte sich zunehmend höher, reichte ihr bis zur Hüfte, dann bis zur Schulter. Aber sie wollte wissen, wohin der Weg führte. Aufgeben kam noch nicht in Frage. Nur fußbreit war jetzt der Trampelpfad, das Schilf strich über ihren Kopf, sich beidseitig nach

innen wendend, lockend, nicht loslassend. Die Kehren wurden häufiger, der Bodenstreifen für die Füße schmäler, das Schilf ragte nun über den Scheitel hinaus, es umwehte, umspülte ihn. War jetzt nicht der Zeitpunkt, doch umzukehren? Der Graswald drohte über sie hinweg zu schwappen wie die Ostseewellen über einen Ertrinkenden. Noch immer nicht wollte sie der Vernunft Raum geben. Wie, wenn das Schilf keinen Weg mehr frei gab, ihr ein Entrinnen versagte? Der blaue Himmel über ihr strömte jetzt Kälte aus.

Auf einmal hörte der Pfad auf. Kein Vorwärts mehr, nur um den Preis eines lebensbedrohlichen Wagnisses.

Sie konnte es haben. Im Schilf verirrt und verschlungen.

Niemand würde sie darin je finden. Sackgasse, Falle.

Da ergriff sie ein beängstigender Schauer. Sie war an einer Grenzlinie angekommen. Zurück, wenn sie überleben wollte! Das Schilf, das vorher sanft geleitend, ja verführerisch lockend mit ihr ging, stellte sich ihr nun störrisch in den Weg. Sie musste wie gegen den Strich bürstend hinaus eilen.

Endlich war das Gras nur mehr Schulter hoch, dann Knie hoch, die Enge wich der Weite der überschaubaren Heidelandschaft.

Sie erkannte, dass sie in ihrer Vermessenheit und ihrem Eigensinn zu weit gegangen war. Ihr kam der Gedanke an ihre Ehe. War es da nicht ähnlich? Tiefer und verschlungener waren die Situationen geworden, auswegloser, verstrickter über sie und ihn zusammen schlagend. Sackgasse. Doch war es nicht allein ihre Schuld.
Konnte es für sie beide nicht auch einen Weg der Umkehr geben, zurück in die Weite, die einen klaren Blick schenkt. Schmerzende Traurigkeit befiel sie.
Endlich empfing sie die Heide wohltuend und farbenfroh. Zugleich holte sie ein durchdringend beißender Geruch in die ländliche Wirklichkeit zurück. Sie erinnerte sich. War da nicht erst vor wenigen Stunden der Jauchewagen vorbeigefahren, während sie im Schatten alter Bäume ihr Mittagsmahl zu sich genommen hatte? Sie marschierte über das inzwischen getrocknete Schlammfeld. Eine praktische Abfalllösung!
Endlich war der Radweg erreicht. Eifrig flitzten die Zweiräder in beiden Richtungen dahin, sorgfältig, pedantisch bepackt, die Perlfangpullover ordentlich auf den Gepäckträger geschnallt.

Andere Radfahrer sausten besonders schnell vorbei, mit sicherem Griff hielten sie ihre schlafenden Kinder fest.
Es überkam sie ein Gefühl der Erleichterung und der Wehmut zugleich, wenn sie an ihre eigenen Kinder zuhause dachte.
Nach dem Gasthaus Heiderose schlug sie den Weg nach rechts ein, wiederum einen neuen Pfad suchend, der zur Fährinsel führte. Sie geriet erneut in eine Sackgasse, die aber amtlich ordentlich angegeben war. Linker Hand führte ein Steg durch Knie hohes Schilf. Sie ging ein zweites Mal das Wagnis ein, vielleicht klappte es diesmal besser. Die Augen erfreuten sich an dem tiefblauen Wasser, der grünen Insel darin und den Segelbooten, die ruhig vorbeizogen.
Diese Idylle konnte aber ihr Herz nicht anhaltend besänftigen.
Zu aufgewühlt und mühsam mit einer Schutzhaut versehen war es noch.
Am Ufer richteten die Fischer bedächtig ihre Boote für die nächste Ausfahrt auf die See. Sie strichen saftig grüne Farbe auf und nagelten die Planken fest. Leises Plätschern und Schlagen der Wellen.
Als sie die freundlich einladende Boddenschänke erblickte, entschloss sie sich zu einer Einkehr und genoss den liebevoll hergerichteten Pflaumenkuchen und den

belebenden Kaffee in dem schönen blauen Fayence-Porzellan.

Zwischenspiel

An einem Dezembermorgen wünschte ich mir, dass ich an diesem Tag für meine Mitmenschen, denen ich heute begegne, ein Segen sein möge.
Ich hatte zwei überraschende Erlebnisse.
Als ich nachmittags beim Plätzchen backen in der Küchen stand, klopfte es ans Fenster. Es war der Nachbar, der das Carport gemietet hatte. Ganz vorsichtig fragte er an, ob der den Stellplatz auch für die Wintermonate mieten könne. Er war sehr glücklich über meine Antwort, dass ich nichts dagegen hätte.

Kurze Zeit später klopfte es wieder ans Fenster. Dieses Mal war es Leonie, das Nachbarskind. Sie konnte unerwartet nicht ins Haus und bat darum, herein kommen zu dürfen, weil es so kalt war.Ich bot ihr Lebkuchen, Pantoffel und einen Platz am warmen Ofen an. Noch bevor sie den Tee trinken konnten, den ich ihr bereitet hatte, wurde sie von ihrer Oma abgeholt.
Diese beiden unerwarteten Begegnungen waren nur deshalb möglich, weil ich mir Zeit gelassen hatte und erst später zu der geplanten Chorprobe gefahren bin.

Seelenbrot

Advent

Einüben in
die Zuwendung
zum Mitmenschen

Einüben in
Großherzigkeit
und Nichtberechnen

Einüben in
Vertrauen

Einüben in
Liebe

Loslassen von
Bedenken und Ängsten

Heiliger Abend

Noch liegen Unruhe und Hast, Geschäftigkeit wie ein grauer Schleier auf dem Weihnachtsereignis. Zur Ruhe und zur stillen Einkehr in sich selbst kommen die Menschen nicht.

Aber sobald die Läden geschlossen sind, breitet sich eine beinahe bedrückende Leere in den Straßen aus.

In den Häusern wird noch freudig emsig gewerkelt. Vater hat den Christbaum aufgestellt und die Mutter geht mit den älteren Kindern daran, diesen herauszuputzen. Während der Baum mit jedem Handgriff seiner schönen Vollendung zustrebt, große und kleine Glaskugeln ihm ein festliches Aussehen geben, selbst gebastelte Sterne und Lamettafäden ihn schmücken , steigen derweil im Innern der eifrig Tätigen Gedanken auf, die vielleicht erst nach den turbulenten Feiertagen tiefer ins Bewusstsein treten. Doch vorher muss noch das blaue Glockenspiel als Spitze aufgesetzt werden, das bei der leisesten Bewegung zart bimmelt und eine frohe Stimmung verbreitet.

Die Vorweihnachtszeit scheint die schönere Zeit zu sein, da sich in der Vorfreude und in der Erwartung sich soviel Hoffnung auf ein wirkliches Fest des Frieden entfaltet.

Weihnachten - für viele ein nettes Ereignis, ein so wohl klingendes Wort. Oft mehr nicht. Für Kinder ist es aber noch etwas Besonderes. Sie freuen sich mit jeder Faser ihres Herzens auf den Zauber, der sich in der Spannung festsetzt. Wann klingelt endlich das Glöckchen, um in das festliche Wohnzimmer gehen zu können und die Geschenke auspacken zu dürfen?

Für die Hausfrau bedeutet das Weihnachtsfest weiterhin Arbeit, es sei denn die Vorbereitungen in der Küche konnten elegant gelöst werden. Dann beginnen auch für sie ein paar ruhigere Stunden.
Ins Nachsinnen hinein ertönen die zunächst zaghaften, dann laut verkündigenden Glocken und läuten die Heilige Nacht ein. Ihr voller Klang schallt über das weite Land und von allen Seiten strömen die Menschen in das Gotteshaus, dessen Türen weit geöffnet sind.
Mit inniger Freude erklingen die alten und jedes Jahr immer wieder neu gesungenen Lieder zur Christnacht.
Erst bei dieser Feier mag sich vielleicht einstellen, was als Weihnachtsereignis empfunden werden kann.
Nach dem Gottesdienst eilen alle nach Hause in die warmen Stuben, denn draußen ist es bitter kalt. Schneeflocken tanzen leicht aus

dem unendlichen All auf die Erde, ungerührt, als wüssten sie nichts von dem Zauber der Weihnacht.
Oder wollen sie, dass die zarten Flöckchen eine Verbindung sind zwischen dem unendlich weiten Himmel, den die Menschen nicht fassen können, und den kleinen Erdenwesen hier unten?

Weihnachten hinterfragt

Wieder einmal ist es soweit, dass die freud- und friedvolle Weihnachtsstimmung ihrem Höhepunkt zustrebt. Jede ist bemüht, Fröhlichkeit zu zeigen, obwohl vielfach das wahre Verstehen von Weihnachten verlorengegangen scheint.
Früher, als Kind, war es noch einfach, richtig Weihnachten zu feiern. Es gab das Christkind, die Geschenke, die erwartungsvolle Spannung vorher, vertraute Lieder und rundherum Zufriedenheit im seligen Spielen mit der Puppenküche. Alles war leicht zu begreifen und entzückte jedes Jahr aufs Neue.
Aber heute? Wie erleben wir heute Weihnachten? Der Kinderglaube ging verloren. Haben wir stattdessen einen anderen gefunden, der trägt? Für viele scheint mit dem Kinderglauben auch jegliche Beziehung zu dem tiefen, ja rätselhaften Wunder der Weihnacht verschwunden zu sein.
Was tun wir dagegen? Ich fürchte, nichts.
Wir haben uns an die Güter des Wohlstands, der äußerlich perfekt gestalteten Festlichkeit gewöhnt und wagen es nicht über die übliche Konvention hinaus dem Mitmenschen ein aufrichtiges nettes Wort zu sagen, auszudrücken, dass wir ihn als Menschen

lieben und schätzen. Der Wohlstand droht das Herz zu ersticken.
Wahr ist auch: ich beklage, ohne selbst wirksam etwas dagegen zu tun. Könnten wir nicht im Kreis der Freunde und Bekannten anfangen, weniger engherzig zu fühlen und engstirnig zu denken, sondern unser Herz durch die Weihnachtsfreude weit zu machen? Vielleicht kommen wir dann dem Sinn der Weihnacht wieder näher?
Weihnachten bedeutet, immer wieder aufs Neue aus der Quelle des Glaubens schöpfen zu lernen. Durch die anmutende Stimmung in unserem Land mit den Lichtern , die Dunkelheit erhellen, den Liedern und Ritualen kann der Weg dazu erleichtert werden.
Wenn sich Menschen dieser Chance stellen, kann Weihnachten immer ein Neubeginn sein, wenn sie es denn wollen.

Weihnachtsabend

Heilige Nacht – die romantische weiße Weihnacht, für viele der Inbegriff von Weihnachten, ist doch noch eingetroffen. Doch sei das nicht nur mit Spott gesagt. Es hat etwas für sich, wenn durch den leise rieselnden Schnee Stille und Ruhe deutlicher spürbar werden. Der Schnee scheint alles Laute, Hässliche und Störende zu schlucken. Es breitet sich so etwas wie eine wohltuende Reinheit aus und ein großes Schweigen über dem Land. Intensiv erleben wird man das aber nur außerhalb der belebten Orte. Der Schnee ist kein Leichentuch, wie oft behauptet wird. Er kann bewirken, dass Menschen sich besinnen, macht sie nachdenklich, da er in seinem klaren Gleichmaß nicht ablenkt.

Ich bin in die lautlose, schwarze Nacht hinausgegangen. Der Schnee schluckte beinahe gänzlich das Geräusch meines Trittes,nur ganz leise knirschte er gegen den Druck der Stiefel.

Wenige Schritte hinter der Stadt dehnte sich eine fast endlos scheinende Schwärze und Stille aus. Hielt ich ein wenig inne, konnte ich das tiefe Schweigen hören und spüren. Es legte sich wie ein Mantel um mich und hüllte mich, Ruhe gebend, ein.

Die Dunkelheit des Himmels, die grauweiße Fläche des Schnees auf den Feldern und die den Atem nehmende Verbundenheit mit dem All, das alles zu empfinden, half, den Trubel und die kleinen Aufregungen zu vergessen.

Dieses Geschenk bietet sich aber nicht von allein dar. Es bedarf des aktiven Verharrens und Lauschens.

Die Schritte wagten sich weiter in das ungewisse Dunkel. Auf einmal löste sich die Dunkelheit vor den Augen auf, ging in ein tiefes Grau und dann in ein kaltes Blau über. Die Landschaft hatte sich verändert, sie gab ihre Geheimnisse in schemenhaften Naturgebilden preis, in bizarren Grasbüscheln, verwunschenen Sträuchern und majestätischen Baumgebilden.

Plädoyer für eine verlängerte Weihnachtszeit

Es schüttelt mich jedes Mal, wenn am zweiten Weihnachtsfeiertag oder, noch schlimmer, bereits am ersten abends manche Leute, mittlerweile nicht nur ältere, sagen: Ja, jetzt ist Weihnachten auch schon wieder vorbei.Da möchte ich ihnen am liebsten ins Gesicht schleudern: Habt ihr überhaupt nichts von Weihnachten begriffen? Ebenso verursacht es bei mir ein unangenehmes Gefühl, wenn der Christbaum bei der ersten sich bietenden Gelegenheit nach den Feiertagen – aber spätestens am 06. Januar sofort abgeleert, alles weggeräumt und entsorgt wird, als gälte es, eine lästige Unordnung wieder zu beseitigen. Endlich wieder reiner Tisch und eine geordnete Wohnung! Wie sehr es mich dabei fröstelt, da zieht sich in mir etwas zusammen.
Die Vorweihnachtszeit, ich gebrauche lieber das Wort Adventszeit, ist in der Gesellschaft wesentlicher präsenter, sie ist greifbarer, geht es doch um die übermäßig sich verbreitende wirtschaftliche Komponente: Das ganzer Land arbeitet auf das Fest hin durch Sammeln der Geschenke, die Dekoration, das Anpreisen der Gemütlichkeit und der „stillen Stunden". Die Käuferinnen sollen zu immer ausgefeilteren kulinarischen Köstlichkeiten angeregt werden, die Beschallung in den Kaufhäusern und auf

Märkten läuft in Dauerschleife. Glitzer und Gefunkel allerorten. Nicht zu vergessen die nicht wenigen besinnlichen Weihnachtsfeiern – obwohl ja Advent ist und diese Zeit eher eine Zeit der persönlichen Besinnung und des Fastens sein sollte, des zurück Steckens, der Einschränkung. Viel Hype in der sogenannten „staaden Zeit".
Auf was freuen sich die Menschen überhaupt? Wirklich auf das Erinnerungsfest der Geburt Jesu, seiner Menschwerdung? Oder nur diffus auf Weihnachten, auf die Geschenke, gutes Essen, den beleuchteten geschmückten Baum, ein wenig rührselige Stimmung und für einige Zeit das Zusammenkommen der Familie?
Dann ist Heiliger Abend, der ersehnte. Das Kind in der Krippe. Es ist da. Gott wird Mensch. Das ist das Ereignis. Dessen sollte man sich bewusst werden.
Die Vorfreude mit all ihrer Geschäftigkeit, anrührende Lieder, Lichter, eben Stimmung. Das ist alles schön für das Gemüt, die Seele, keine Frage.
Aber dann dieser konkrete Mensch als Kind in der Krippe, das uns herausfordert, radikal herausfordert in unserem Menschsein, in unserem Glauben. Mit dieser Zumutung, die von uns eine Haltung der Entscheidung fordert, nämlich für Gott, geht Weihnachten erst richtig los.

In den Tagen nach dem Fest beginnt die eigentliche Weihnachtszeit, die wir ebenso lange intensiv bedenken und zelebrieren sollten wie die Adventszeit. Das ist in der Tat schwerer, denn da fehlt das gefühlsgetränkte Klimbim, der Glitzer. Da geht es in die Tiefe.
Wenn wir die Tage nach dem Fest für uns wirkmächtig nutzen wollen, hören wir einen Nachklang der schönen Weihnachtslieder, die uns die Botschaft durch die Musik nahe bringt. Es ist ein Nachklang, der zur Stille führt und der erfüllender sein kann als die Zeit vor dem Fest. Dieser Nachklang könnte uns begleiten über den 06. Januar hinaus. Nicht nur einige Tage, sondern Wochen und uns einschwingen in einen heiteren, heilsamen Rhythmus.
Wir täten gut daran, Weihnachten nicht mit dem zweiten Feiertag zu beenden und dann neben dem Christbaumschmuck und sonstiger Dekoration, auch den einen oder anderen hoffnungsvollen Impuls beiseite zu räumen und das Ganze abzuhaken nach dem Motto: wieder einmal geschafft!

Jahreswechsel

Langsam gehen möchte ich
zum Ende des Jahres,
jeden Schritt behutsam aufsetzend,
auskostend Zeit und Weg
in Dankbarkeit

Das Jahr ist so vertraut geworden,
ich fühlte mich heimisch in ihm.
Die letzten Tage sind kostbar.
Sie geben Frieden.
Es ist ein Heimkommen
nach einer lange Reise.

Das angekommen Sein genießen.
Besinnung, zur Ruhe kommen im Jetzt.
Kraft schöpfen aus dem Innehalten.
Dem Neuen mit Elan zustreben.

Silvester

Ein Jahr ist zu Ende,
nun gebt euch die Hände und sagt:
Alles Gute, Gesundheit und Glück!
Beschließt in Gedanken,
euch nicht mehr zu zanken
und denkt voller Dank
an das vergangene zurück.
(aufgeschrieben von meiner Mutter)

Das alte Jahr
lege ich
sorgfältig eingepackt
wieder zurück

In Watte die Schmerzen

In Glanzpapier die Freuden

In durchscheinendes die Erkenntnisse

Es sind wertvolle Päckchen
geschichtet im Karton
mit der Aufschrift:
Dankbarkeit

Das neue Jahr
nehme ich
mit gespannter Neugier
löse sorgfältig die Schleife
und lasse mich
auf das Abenteuer ein.

Winter

Ich liebe den Winter, der alles mit weißem Flaum, mit Ruhe bedeckt. Jedes Geräusch scheint scheint von ihm verschluckt zu werden. Über eine endlos weiße Fläche, auf denen das Auge kaum einen Ruhepunkt findet, jagt eisiger Schneesturm. Braust, saust, steigt orkanartig an und ebbt dann wieder ab wie eine sich immer wiederholende Melodie.
Es ist schön, gegen den Wind anzurennen, sich mit ihm zu messen. Er lässt die Haare fliegen, kühlt das Gesicht und umweht es mit Reinheit. Als könnte es da draußen in einer Winterlandschaft keine Lügen, nichts Falsches geben. Alles liegt klar vor den Augen.
Überhaupt der Wind. Er kann dich schmeichelnd umsäuseln in einer warmen Sommernacht oder dich schwül und lastend fast erdrücken. Er kann frisch und sanft im Frühling wehen und lässt dich im Herbst im kalten Toben die Härte des Winters erahnen.
Wer in einer hellen, kristallklaren Winternacht ins Freie geht, bekommt eine Ahnung von der Weite unseres Alls in der Schwärze des Himmels und der Erde.
Tiefer, strenger Winter kann schön sein, wenn in ihm die Verheißung auf den Frühling verborgen ist, der alles Leben wieder erwachen lässt.

Dank

Mein Dank gilt den Menschen, durch die einige Geschichten entstehen konnten. Bei jeder Begegnung blitzten Wärme und Licht auf als Ausdruck mitmenschlicher Zugewandtheit.
Ein herzliches Dankeschön an meine Schwiegertochter Barbara Feulner, die mir wieder in bewährter Weise das Manuskript drucktauglich gestaltet hat.
Vielen Dank ebenso an Annerose Wechler für die Idee und an meinen Enkel Maximilian Sommer für die Gestaltung des Titelbildes.

März 2025